前　言

2015年10月29日，党的十八届五中全会通过了《中共中央关于制定国民经济和社会发展第十三个五年规划的建议》。中国社会科学院多位学者配合国家"十三五"规划的制定，就国家实施"十三五"时期经济社会发展重大问题进行了多项专题研究，包括《"十三五"时期中国经济社会发展主要趋势和思路》《"十三五"及2030年发展目标与战略研究》《"十三五"时期全面建成小康社会的"短板"及对策》《"十三五"时期老龄化形势与对策》《"十三五"时期促进服务业发展改革研究》《步入"十三五"的财税改革》《"十三五"时期劳动力市场转型对策研究》《"十三五"时期工业转型升级的方向与政策》《"十三五"时期国有企业改革重点思路》《"十三五"时期城镇化和区域发展战略研究》《"十三五"时期资源环境发展战略研究》《"十三五"时期收入分配问题及对策研究》《"十三五"时期中国文化发展环境和重大问题研究》。

这些报告是国家级智库深度剖析"十三五"规划、参透中国未来发展大势的精品著作，深入分析了未来五年以及更长时间我国经济社会发展的环境、趋势和问题，提出了未来发展的思路和对策，对于我们理解我国未来五年经济社会发展面对的新形势、新情况、新挑战、新趋势，对于我们思考我国在经济新常态下的发展战略和发展路径选择，对于我们深刻领会党的十八届五中全会的精神和战略部署，都具有重要的参考价值和启发意义。

摘 要

在世界范围"第三次工业革命"不断拓展、全球投资贸易秩序加速重构，以及中国全面改革日益深化、"一带一路"战略与"中国制造2025"战略积极推进的大背景下，"十三五"时期中国工业发展面临新的机遇与挑战，工业在国民经济中的核心功能、发展思路和发展模式都将发生深刻的转变。"十三五"及未来更长时期，工业发展的主导模式将逐步由过去粗放的大规模标准化生产和模仿创新转向精益化生产和自主创新。工业发展战略的重点是提高传统产业的发展质量和水平、积极贯彻落实"中国制造2025"、培育壮大战略性新兴产业、推进工业化和信息化的融合与制造业和服务业的融合发展、促进工业的绿色低碳转型，推动工业增长由人力资本和物质要素总量投入驱动向知识、技能等创新要素驱动转型，构建产业结构合理、技术水平先进、生态环境友好、附加价值高、创造高质量就业的现代产业体系。

目　录

一　"十二五"工业转型升级的主要进展 ………………………… / 001
二　"十三五"工业转型升级面临的关键挑战 …………………… / 005
三　"十三五"工业转型升级的指导思想 ………………………… / 010
四　"十三五"时期工业转型升级的重点领域 …………………… / 013
五　"十三五"工业转型升级的政策调整 ………………………… / 023

党的十八届五中全会通过的"十三五"规划建议稿提出，要加快建设制造强国，实施"中国制造2025"；引导制造业朝着分工细化、协作紧密方向发展，促进信息技术向市场、设计、生产等环节渗透，推动生产方式向柔性、智能、精细转变。

"十三五"是我国实现"两个百年"目标、全面建成小康社会、跨越"中等收入陷阱"、基本实现工业化的关键五年，在世界范围"第三次工业革命"加速拓展和我国全面改革日益深化的大背景下，"十三五"时期我国工业在国民经济中的核心功能、工业自身的发展方向和模式，以及国家促进工业发展的战略思路将发生一系列深刻转变。工业对于国民经济社会的核心功能，将逐步由过去的以促进经济增长和就业为主向促进新技术的创新和扩散从而提高整个经济持续稳定发展能力为主转变；工业的发展方向将逐步由过去的结构优化向核心能力提升转变，发展模式将逐步由过去粗放的大规模标准化生产和模仿创新向精益化生产和自主创新转变；国家促进工业发展的战略思路，将逐步由过去的结构性扶持向普惠性的经营环境改善和公共服务体系建设转变。

一 "十二五"工业转型升级的主要进展

发布于2011年3月16日的《国民经济和社会发展第十二个五年规划纲要》提出的与产业转型升级有关的目标主要包括结构调整取得重大进展、科技教育水平明显提升、资源节约环境保护成效显著等三个方面内容。2011年12月30日发布的《工业转型升级规划（2011~2015年）》提出了更为具体的"十二五"期间工业转型升级目标，包括：工业保持平稳较快增长、自主创新能力明显增强、产业结构进一步优化、信息化和军民融合水平显著提高、质量品牌建设迈上新台阶、资源节约环境保护和安全生产水平显著提升等方面（详见表1）。

表1 产业转型升级"十二五"规划目标及进度完成情况

类别	指标	2010年	2015年	2010~2015年累计变化	2013年	2010~2013年累计变化
经济运行	工业增加值增速(%)			[8]①		[8.56]
	工业增加值率提高(个百分点)			2		—
	工业全员劳动生产率增速(%)			[10]①		—
技术创新	研发支出占国内生产总值比重(%)	1.75	2.2		2.08	
	每万人口发明专利拥有量(件)	1.7	3.3		4.02	
	规模以上企业R&D经费内部支出占主营业务收入比重(%)		>1.0		0.80	
	拥有科技机构的大中型工业企业比重(%)		>35		—	
产业结构	服务业增加值比重(%)	43	47		46.1	
	战略性新兴产业增加值占工业增加值比重(%)	7	15	8	—	
	产业集中度②(%) 钢铁行业前10家	48.6	60	11.4	39.4	
	产业集中度②(%) 汽车行业前10家	82.2	>90	7.8	88.4	
	产业集中度②(%) 船舶行业前10家	48.9	>70	21.1	47.1	
"两化"融合	主要行业大中型企业数字化设计工具普及率(%)	61.7	85.0	23.3	—	
	主要行业关键工艺流程数控化率(%)	52.1	70.0	17.9	—	
	主要行业大中型企业ERP普及率(%)		80.0		—	
资源节约和环境保护	单位国内生产总值能源消耗降低(%)			16	18.54	
	单位国内生产总值二氧化碳排放降低(%)			17	—	
	规模以上企业单位工业增加值能耗下降(%)			21	—	

续表

类别	指标	2010年	2015年	2010~2015累计变化	2013年	2010~2013累计变化
资源节约和环境保护	单位工业增加值二氧化碳排放量下降(%)			>21	—	
	单位工业增加值用水量下降(%)			30		34.90[a] 31.66[b]
	工业化学需氧量、二氧化硫排放量下降(%)			10		
	工业氨氮、氮氧化物排放量下降(%)			15		
	工业固体废物综合利用率(%)	69	72	3		—

注：① [ ] 内数值为年均增速；如未指明工业，均为全部国民经济部门数据。② 是按产品产量计算的产业集中度；a 是按当年价格计算；b 是按 2010 年不变价格计算；"—"代表缺统计数据。

资料来源：2015 年目标引自《国民经济和社会发展第十二个五年规划纲要》和《工业转型升级规划（2011—2015 年）》（国发〔2011〕47 号）。2013 年船舶行业集中度引自中国船舶工业经济与市场研究中心：《中国船舶工业发展研究（2013 年度）》；汽车行业集中度引自中国汽车工业协会网站；钢铁行业集中度根据国际钢铁协会粗钢产业数据计算。

"十二五"以来，面对欧洲主权债务金融危机和世界经济缓慢回升的国际环境、国内生产要素价格持续上涨的压力、发达国家重振制造业和低成本发展中国家大力发展劳动密集型产业的挑战，我国工业总体上保持了平稳较快发展态势，产业转型升级取得积极的成效。

一是工业保持平稳较快发展。2010 年我国工业增加值为 160722 亿元，2013 年增长到 210689 亿元，按 2010 年不变价格达到 205624 亿元，年均增长速度为 8.56%，超过"十二五"期间年均增长 8% 的目标值。但是也需要注意工业增加值增速逐年下降的趋势，从 2011 年的 10.4% 下降到 2013 年的 7.6%，2014 年前三季度增速进一步下降到 7.4%，完成"十二五"增长目标的任务仍非常艰巨。

二是技术创新能力不断增强。R&D 经费支出从 2010 年的 7062.6 亿元增加到 2013 年的 11846.6 亿元，增长 67.7%，R&D 经费支出与国内生产总值之比从1.76%提高到2.08%，提高0.32个百分点。"十二五"规划目标为2015年R&D强度达到2.2%，2013年底已完成计划进度的72.7%。2013年底，每万人口发明专利拥有量达4.02件，提前完成"十二五"规划确定的3.3件的目标。有R&D活动的规模以上工业企业比重从2009年的8.5%提高到2011年的11.5%，2013年达到14.8%；规模以上工业企业R&D经费支出与主营业务收入之比2009年为0.69%，2011年达到0.71%，2013年达到0.80%，与2015年1.0%的规模目标尚有较大差距。

三是产业结构不断优化。2010年，我国三次产业结构为10.10∶46.67∶43.24；2013年为10.01∶43.89∶46.09，第三产业比重第一次超过第二产业成为国民经济中最大的部门，其中工业占GDP的比重从46.67%下降到43.89%，三次产业结构明显改善。"十二五"规划目标是到2015年第三产业比重达到47%，比2010年提高约4个百分点，2013年末第三产业比重46.09%，已完成规划目标的77.25%。淘汰落后产能取得明显进展，产能过剩问题有所改观，战略性新兴产业也获得较快发展。汽车产业前10位企业集中度从2010年的82.2%提高到2013年的88.4%，提高6.2个百分点，完成规划目标的79.48%，但是钢铁、造船行业的产业集中度比2010年有所下降。

四是两化融合深入推进。通信基础设施不断改善，电话普及率从86.41部/百人提高到109.95部/百人；互联网普及率从34.3%提高到45.8%。越来越多的企业采用互联网进行宣传和市场交易，2013年，制造业每百家企业拥有网站个数达到68个，有电子商务交易活动的企业比重达到7.2%。在物联网、大数据、云计算等新一代信息技术成熟的推动下，商业互联网向工业互联网演进，越来越多的工业企业开始将信息技术应用于制造过程。

五是节能减排和环境保护取得明显成效。2010～2013年，全国能源消费总量从324939万吨标准煤增加到375000万吨标准煤，但亿元GDP能耗从0.81万吨标准煤下降到0.66万吨标准煤（如果按照2010年不变价GDP，2013年亿元GDP能耗为0.74万吨标准煤），下降18.5%，已提前完成16%的"十二五"规划目标。工业用水总量从1447.30亿立方米下降到1406.40亿立方米，亿元工业增加值用水量从0.0090亿立方米下降到0.0067亿立方米（如果按照2010年不变价GDP，2013年亿元工业增加值用水量为0.0068亿立方米），下降25.56%（按2010年不变价格下降24.44%），也已提前完成30%的"十二五"规划目标。

六是国际竞争力不断提高。工业制成品出口额从2010年的14765亿美元增加到2013年的20772亿美元，增长40.7%；工业制成品出口占商品总出口额的比重从94.82%进一步提高到95.12%。高技术产品出口额从4924亿美元增加到6603亿美元。中国制成品出口额占世界的比重从14.8%提高到17.5%。其中，机械和运输设备占世界出口额的比重从15.3%提高到17.5%（电子数据处理和办公设备从37.7%提高到41.1%），纺织品从30.4%提高到34.8%，服装从36.7%提高到38.6%。

二 "十三五"工业转型升级面临的关键挑战

经过多年的快速经济增长，中国已经步入工业化后期，"十三五"时期经济进入中高速增长的新常态。在这种经济发展阶段变化的大背景下，一直以来作为经济增长主要驱动力的工业，面临着新的挑战和问题。

（一）技术制高点掌控不足

传统产业的高端生产装备和核心零部件长期受制于人。以机械产业为例，多数出口机械产品是贴牌生产，拥有自主品牌的出口机械产品不足20%。从国内需求来看，80%的集成电路芯片制造装备、40%的大型石化装备、70%的汽车制造关键设备、先进的集约化农业装备等依靠进口；基础部件制造能力滞后，高参数、高精密和高可靠性的轴承、液压/气动/密封元件、齿轮传动装置及核心传动部件，大型、精密、复杂、长寿命模具及其他关键基础零部件、元器件、电器部件的质量和寿命还不能完全满足机械工业发展的需求，大量依靠进口。

新兴技术和产业领域全球竞争的制高点掌控不足。以目前快速发展的工业机器人产业为例，在由机械、控制、传感三个部分组成的复杂技术结构中，中国企业整体上仅掌握了机械中的硬件技术。在机器人本体产业，国外机器人制造企业占据中国近90%的市场份额，发那科、安川、KUKA、ABB四家公司合计占据中国国内约65%的市场份额，剩余35%的国内企业份额主要为低端市场。与此同时，国外厂商积极布局中国国内市场，遏制中国本土企业的发展。以 165kg 焊接机器人为例，国外品牌销售价格已经由 2010 年的 30 万元左右降至当前 22 万～24 万元。而由于国内工业机器人的核心部件采购成本较高，若国外品牌持续降价，将使得国内相关企业的赢利能力长期受到压制。在核心零部件领域，控制器、驱动及伺服电机、减速机等主要依赖进口（黄群慧，2014）。在工业机器人成本中，成本占比最高的为减速机，占 33%～38%，驱动及伺服电机占 20%～25%，控制器占 10%～15%，机器人本体在总成本中占比只有 20% 左右。在减速机领域，国际供应商主要有 Nabtesco 和 Harmonic 两家。在工业用机器人关节上的精密减速机上，Nabtesco 产品的全球市场占有率达 60%，特别在中/重负荷机器人上，其 RV 减速机市场占有率高达 90%；Harmonic 公司则以谐波减速机为主，在全球工业机器人关节减速机领域拥有 15% 左右的市场占有率。由于市场集中度高，国内本体厂商议价能力较弱，其减速机采购成本常常为发那科、KUKA、安川、ABB 等国际巨头采购价格的 3～5 倍。

（二）整体生产率增速下滑

生产率增速下降已经成为当前及"十三五"时期我国工业发展面临的最严峻的问题。改革开放以来中国工业经济增长的动力机制经历了两次大的转换，第一次大的转换是由 1979～1992 年的资本投入、劳动投入和 TFP 进步平衡贡献型增长机制，转换为 1993～2002 年资本投入与 TFP 进步并驾齐驱、共同驱动型增长机制，2003 年以后则进一步转换为要素投入（主要是资本要素投入）主导型的增长机制。2003 年以来，工业经济全要素生产率与资本产出效率急剧恶化。研究表明（江飞涛等，2014），2003～2012 年期间全要素生产率增长率年均值为 -0.051 个百分点，2008～2012 年期间全要素生产率增长率年均值更是下降至 -1.82 个百分点。这一时期，中国工业边际资本产出率亦持续快速下降，2002 年中国工业边际资本产出率为 0.61，2012 年该值已下降至 0.28。工业边际资本产出率和全要素生产率的下降并非仅仅是国际金融危机冲击的结果。2003～2007 年间，国民经济处于繁荣期，工业经济增速不断加快，与之背道而驰的是全要素生产率增长率与边际资本产出率的急剧下滑，2008 年金融危机及国内经济减速的冲击只是进一步加剧了效率恶化趋势。这就意味着当前政府主导、投资驱动的工业增长方式与要素主导型的增长机制均是不可持续的。按照资本产出弹性等于0.5时资本、劳动和TFP对中国工业经济增长的贡献情况进行分析，可以发现，资本投入是中国工业经济增长的最主要动力来源，30余年来其对中国工业经济增长的平均贡献率达49.09%，劳动投入对工业经济增长的贡献最小，TFP对中国工业经济增长的贡献率居中，大约为1/3的水平。2003~2011年，虽然工业增加值的增速较之前最高达到12.58%，但TFP变动逐渐走低，并趋于负值。与此同时，工业的资本边际产出在2002年之后就出现了下降，累计降幅超过50%。这表明，即便在工业经济高速增长周期中，资本的边际产出也呈现递减趋势。TFP相对资本投入贡献偏小、TFP和资本边际产出递减的趋势共同表明，我国的工业经济增长主要依靠要素投入、创新驱动不足的特征显著，甚至在日益强化，而这也正是我国工业经济增长速度最终进入下行通道的根本原因。

（三）"新常态"下的产能过剩

在国民经济和工业经济由过去的高速增长转向中高速增长的过程中，产能过剩问题变得更加突出和复杂。总体上看，当前及未来"十三五"时期我国制造业的产能过剩，是体制机制缺陷与国内增长阶段转换、世界经济深度调整共同作用的结果，因而具有全面性、长期性的特点。从范围上看，当前产能过剩的行业已经扩大，2005年前后我国的产能过剩主要存在于钢铁、水泥、有色金属、煤化工、平板玻璃等传统产业，而本轮产能过剩的范围扩大到造船、汽车、机械、电解铝等领域，其中钢铁、电解铝、水泥、平板玻璃、造船是非常突出的行业。不仅如此，当前产能过剩甚至扩展到光伏、多晶硅、风电设备等代表未来产业发展方向的新兴战略性产业。从产能过剩程度看，2012年底我国钢铁、水泥、电解铝、平板玻璃、船舶产能利用率分别仅为72%、73.7%、71.9%、73.1%和75%，光伏行业2013年产能利用率在60%左右，多晶硅、风电设备产能利用率不到50%，这都明显低于国际通常水平（一般认为正常的产能利用在80%~85%）。由于我国没有正式公布的统一的产能利用率统计指标，无法准确地反映我国产能过剩程度。但是，从工业生产者出厂价格指数PPI看，从2012年3月起至2014年11月，已经连续33个月负增长。虽然影响这个指标的因素较多，但该指标创历史纪录地连续30个月负增长，在很大程度上说明当前我国工业存在严重的产能过剩、长期维持高库存以及实体经济不景气的情况。

我国当前和"十三五"期间的产能过剩，由于步入中高速的"新常态"，试图等待经济形势复苏后依靠快速经济增长来化解产能过剩已几无可能。我国进入了工业化后期，已经是名副其实的工业经济大国，有200多种工业产品产量居世界首位，接下来的任务是由工业大国向工业强国转变。在从大到强转变的过程中，产能过剩从以前相对过剩转为现实的绝对过剩，也就是说，以前周期性产业过剩后来都可以慢慢通过长期需求消化掉，但到工业化后期以后，许多产业年度需求峰值已经达到，不可能有长期需求慢慢把峰值吸收掉了。例如，煤炭行业，有研究预计我国煤炭消费总量的峰值应在2015年，到2017年原煤消费总量会降低到35亿吨左右，而我国目前生产和在建产能为55亿吨，产能绝对过剩问题十分突出；又如钢铁行业，有研究表明，发达国家均在完成工业化进程之后达到国内钢铁消费峰值，除了日本和德国以外，大多数国家平均为0.6吨/人左右，如果按照2013年7.8亿吨的粗钢产量测算，我国人均粗钢消费量已接近0.6吨，逼近了发达国家钢铁消费峰值，我国钢铁消费已接近饱和水平，这意味着内需层面很难实现爆发式增长以在短期内消化2亿吨左右的过剩产能（黄群慧，2014）。

产能过剩矛盾如果得不到有效化解，在微观层面，会出现恶性价格竞争、企业效益大幅下滑、大量企业破产、员工失业等现象；在宏观层面，环境问题日益严重，系统性经济风险会加剧，有可能进一步产生经济危机，从而影响社会经济稳定发展。因此，当前产能过剩问题可以说是"十三五"时期我国工业经济走向"新常态"所面临的一个最直接的潜在危机和挑战。

（四）"第三次工业革命"的加速拓展

中国作为最大的发展中国家，其工业化进程呈现快速、低成本、出口导向、不平衡发展等特征。从世界范围看，在中国进入工业化后期以后，其工业化又与发达国家的"再工业化"叠加，这使得中国工业化进程又增加了一些"变数"。以重振制造业和大力发展实体经济为核心的"再工业化"战略，并不是简单地提高制造业产值比重，而是通过现代信息技术与制造业融合、制造与服务的融合来提升复杂产品的制造能力以及制造业快速满足消费者个性化需求能力，这种制造业信息化与制造业服务化的趋势使得制造业重新获得竞争优势。虽然这两种趋势的源头可以追溯到20世纪八九十年代，但金融危机后，随着对制造业发展的重视，政府开始大力推动。例如，美国提出"制造业行动计划"，德国提出"工业4.0"计划，欧洲提出"未来工厂计划"，等等，于是，制造业信息化和制造业服务化成为世界工业化进程的两个重要趋势。制造业信息化表现为人工智能、数字制造、工业机器人等基础制造技术和可重构制造、3D打印等新兴生产系统的技术突破和广泛应用，从而构成了"第三次工业革命"的主要内容。当前方兴未艾的"第三次工业革命"，是由于人工智能、数字制造和工业机器人等基础技术的成熟和成本下降，以数字制造和智能制造为代表的现代制造技术对既有制造范式的改造以及基于现代制造技术的新型制造范式的出现，其核心特征是制造的网络化、数字化、智能化和个性化。3D打印、虚拟制造、工业机器人、智能化生产等一大批新兴生产技术集中、加快突破和应用，特别是与新兴产品技术相结合，不断改变传统的生产范式，实现了史无前例的成本、质量、功能、开发速度等全方位的综合运营指标优化。如果按照既有的经济史，一个完整的技术经济周期可以划分为"导入"和"拓展"两个阶段，那么，我们判断，"十三五"将是"第三次工业革命"由导入期向拓展期转换的重要阶段。

"第三次工业革命"成为世界工业化进程中突出的新趋势，这种趋势对我国工业化进程可能会形成以下冲击和挑战（黄群慧、贺俊，2013）：①进一步弱化我国的要素成本优势，我国必须推进低成本工业化战略转型。"第三次工业革命"加速推进了先进制造技术应用，必然会提高劳动生产率、减少劳动在工业总投入中的比重，我国的比较成本优势则可能会加速弱化。②对我国产业升级和产业结构升级形成抑制。现代制造技术的应用提升了制造环节的价值创造能力，使得制造环节在产业价值链上的战略地位将变得与研发和营销同等重要，过去描述价值链各环节价值创造能力差异的"微笑曲线"有可能变成"沉默曲线"，甚至"悲伤曲线"。发达工业国家不仅可以通过发展工业机器人、高端数控机床、柔性制造系统等现代装备制造业控制新的产业制高点，而且可以通过运用现代制造技术和制造系统装备传统产业来提高传统产业的生产效率，从而，"第三次工业革命"为发达工业国家重塑制造业和实体经济优势提供了机遇，曾经为寻找更低成本要素而从发达国家转出的生产活动有可能向发达国家回流,导致制造业重心再次向发达国家偏移,传统"雁阵理论"所预言的后发国家产业赶超路径可能被封堵。③可能进一步恶化我国的收入分配结构。提高劳动报酬的机制,虽然一般可以通过税收等制度设计提高劳动在初次和二次分配中的比重,但更根本、更有效、对要素市场扭曲最小的方式是为劳动者创造更多高劳动生产率的工作岗位。但是在一般劳动者素质不能够大幅度提高的情况下,"第三次工业革命"的推进会造成职工的失业或者被锁定在低附加值的简单劳动环节中。

这意味着"第三次工业革命"会加大我国实施新型工业化战略的难度,但"第三次工业革命"对我国也是一种机遇,这种机遇不是简单纳入全球分工体系、扩大出口的传统机遇,而是倒逼我国工业转型升级的新机遇。这实质上要求我国面对"第三次工业革命"的挑战,既要有紧迫感,也要有信心,既要保持战略上的平常心态,又要积极应对、适应新变革,从而走向"新常态"。

三 "十三五"工业转型升级的指导思想

2013年国民经济三次产业的比例服务业已经超过了工业,而且到2020年我国将基本实现工业化,但是工业对我国经济发展的重要性并没有下降。一是因为工业最大限度地改善人类生活质量、增进了人类社会福祉,极大地满足了人类日益增长的物质文化需要,对人类社会进步发挥着不可替代的伟大作用;二是因为实现工业化并不意味着工业化时代的终结,对于刚刚步入工业化后期的中国而言,其工业化进程还远未结束;三是因为工业不仅是技术创新的主要来源,而且还是技术创新的使用者和传播者,这意味着从一个经济体的能力角度看,制造业才是决定经济发展的关键;四是当前我国服务业还无法完全替代工业成为经济的主导力量,我国服务业发展战略的重点应是围绕"做强工业"而大力发展生产性服务业(黄群慧,2014)。工业对我国的重要性没有下降,但进入"十三五"以后,其对经济发展的核心功能将逐步由过去以促进经济增长和就业为主转向以促进新技术的创新和扩散从而提高整个经济的持续稳定发展能力为主。要实现这种转变,面对上述几个方面的问题,"十三五"期间工业转型升级的指导思想也要实现从"结构优化主导"向"能力提升主导"转变。

随着国内外产业环境和竞争环境的变化，传统的产业结构概念对于我国工业转型升级的理论意义和实践意义已经大打折扣，工业发展的"结构红利"日益弱化，具体分析如下。

（1）我国已经具备较为完整的产业结构，经典产业结构理论揭示的产业结构变动特征已经很难指导我国的产业结构升级战略。经过三十多年的改革开放发展，我国本土企业的进口替代规模和外资企业的本地采购比例不断扩大，各类产业的分工水平不断深化，我国已经形成了产业门类齐全、行业覆盖广泛的制造业体系，已经成为继美国、德国和日本以后世界上极少数具备完整工业体系的国家。随着我国产业结构日益完备，制造业产业体系中的"短板"在不同的周期中被逐渐弥补，通过资源在产业间再配置提升总体生产效率的空间越来越小，制造业增长的主要动力正快速由产业间配置效率向动态效率转变。

（2）我国的工业贸易结构已经呈现出"稳态化"的特征。"十一五"以来，我国工业出口结构呈现出的一个重要特点就是主要行业的出口比重变动明显收窄、出口结构总体趋于稳定（宋泓，2010）：以纺织服装、鞋帽为代表的劳动密集型行业出口比重分别稳定在14%~16%和3%~4%的水平，以矿产品为代表的资源型行业的出口比重稳定在2%~3%的水平，以化工产品为代表的资本密集型行业的出口比重稳定在4%~5%的水平，而以机电产品为代表的技术密集型行业的出口比重稳定在55%~60%的水平。即随着我国经济发展水平的提高，我国制造业出口结构已经由"极化"向"多元化"发展，由"动态化"向"稳态化"发展，经典产业结构理论指导下的"增长极"战略的作用空间越来越小。

（3）从工业促进国民经济增长的作用看，工业的能力而不是工业的结构决定了国民经济的长期增长趋势。对制造业与国民经济增长关系的最新研究表明，在过去60多年间，由工业产品复杂性所反映的一国制造业能力是所有预测性经济指标中能够最好地解释国家长期增长前景的指标，该指标甚至能够解释国家间收入差异的至少70%（Hausmann和Hidalgo，2011）。如果说在经典的产业结构研究中，Fisher和Clark的三次产业划分强调的是产品的物理形态，Hoffmann对制造业的划分强调的是工业品的直接用途的话，

Hausmann 和 Hidalgo 等学者显然更强调从产业所依赖的知识的复杂性，或者说工业所体现的技术的复杂性来认识工业的功能。因此，无论是从工业自身增长还是从工业促进国民经济增长的角度看，工业的动态效率和能力提升都比工业产业结构变得更加重要。

在明确工业转型升级指导思想从"结构优化主导"向"能力提升主导"的前提下，未来我国工业核心能力提升应重点围绕以下两个方向。

（1）一是由标准化、模块化产品向一体化产品转型升级。以日本东京大学 Fujimoto 教授为代表的经济学家开创的基于产品架构概念的研究，通过利用产业一体化架构指数来测度不同产业的一体化程度（Integral Degree）。他们发现了一国制造业在全球产业分工体系中的结构性特征——中国在劳动密集型的模块化产品方面具有优势，日本在劳动密集的高一体化程度产品方面更具优势，美国则在知识密集的低一体化程度产品方面更具优势（Fujimoto，2006）。基于技术模仿的大规模、标准化生产虽然有利于我国在短期内融入全球制造业分工，并快速形成完整的制造业体系，但产业创新能力弱、国际竞争力弱、分工地位低下的问题长期难以改善。在这种情况下，未来我国制造业发展，应当在依托既有的大规模生产优势的基础上，加强生产工艺提升、产业工人技能提升和前沿技术突破，实现制造业向技能密集和技术密集的一体化产品升级。

（2）二是由体现为装备引进的简单产品生产向以知识资源整合为核心的复杂集成产品转型升级。在一些关键设备和核心零部件领域，我国长期陷入"进口替代和循环引进"的怪圈——中国企业不断进入重大装备和核心零部件的生产领域，但重大装备和核心零部件受制于人的格局始终没有改观。造成这种状况的根本原因在于，国内企业进入重大装备和核心零部件领域的方式主要依靠生产设备引进，而且大部分是"交钥匙"工程的设备引进。这种所谓的"产业升级"缺乏实质性的技术吸收和学习过程，因而最终陷入循环引进的怪圈。虽然从产业或产品的角度看，发达国家企业将大量的零部件甚至关键零部件的生产外包给了中国企业，而且中国企业确实逐渐掌握了这些产品的生产工艺，但是从知识分工的角度看，概念设计和检测等关键能力仍然由领先企业掌握，仅仅是细节设计和工业设计等技术环节外包到了发展中国家。例如，在飞机发动机产业，虽然空客等飞机发动机制造商将大量的零部件进行全球外包，但由于其直接参与零部件等的设计，因此仍在相当数量的核心零部件领域保留着技术优势。也就是说，简单的产业分工和产品分工模式实际上掩盖了企业间和国家间远远更为复杂的技术和知识分工形式（Brusoni and Prencipe，2001）。比自主生产更重要的是本土企业是否掌握了重大装备和核心零部件的设计知识。鉴于此，"十三五"期间我国产业政策应当重点扶持兼具自主创新和开放式创新的集成创新，特别是复杂产品集成创新的企业，通过全球知识资源的整合而不是"自主生产"，从根本上解决核心技术"受制于人"的问题。

四 "十三五"时期工业转型升级的重点领域

"十三五"时期产业转型升级应抓住新一轮科技革命和产业变革带来的战略机遇，积极应对生产要素价格上涨、发达国家重振制造业、低成本发展中国家发展劳动密集型产业等挑战，提高传统产业的发展质量和水平、培育壮大战略性新兴产业、推进工业化和信息化的融合与制造业和服务业的融合发展、促进工业的绿色低碳转型，推动工业增长由人力资本和物质要素总量投入驱动向知识、技能等创新要素驱动转型，发展结构优化、技术先进、清洁安全、附加值高、吸纳就业能力强的现代产业体系，在保持传统优势产业国际竞争力的同时，积极抢占未来国际竞争的制高点并形成新的竞争优势领域，保持制造业平稳较快和可持续增长。

（一）改造提升传统制造业

随着近年来生产要素成本的持续快速上涨，人口红利即将耗尽，中国制造业建立在低工资和劳动力无限供给基础之上的价格优势正在逐步削弱。兼之国际金融危机后发达国家在更高层次上回归制造业，周边劳动力成本更低的发展中国家大力发展中低端产业，"中国制造"正面临发展中国家与发达国家的双重挤压，如果不能顺利实现产业的转型升级，将会陷入"高不成、低不就"的困境。

1. 提高劳动密集型产业的技术水平

尽管随着以工资为代表的生产要素价格的持续快速上涨，我国劳动密集型产业的竞争力正在逐步削弱，但是由于劳动密集型产业以及资本和技术密集型产业的劳动密集型环节在制造业中仍然占有很高比重，吸纳大量的就业，因此仍然不能放弃。促进劳动密集型产业加快产品升级换代，提高产品质量，从而破解原材料、基础零部件受制于人的局面，为先进制造业的发展和中国制造由大到强奠定坚实的物质基础。促进劳动密集型产业增强创新能力，提高产品技术含量和附加价值，实现向全球价值链的高端环节攀升，从而化解要素成本特别是工资上涨的压力，并使广大人民群众能够更多地分享经济发展的成果。要促进劳动密集型企业提高管理水平，改进营销模式，打造知名品牌。

2. 加强传统产业的装备升级和技术改造

目前中国有很大规模的落后生产能力存在，对环境造成很大破坏，对资源造成很大浪费。技术改造能够实现技术进步、提高生产效率、推进节能减排、促进安全生产，是促进产业结构调整和产业转型升级的重要方式。应大力推广新技术、新工艺、新流程、新装备、新材料，对现有企业生产设施、装备、生产工艺条件进行改造。严格能耗和排放标准，加强环境执法，促进企业采用节能环保的设备、工艺。设立重点行业转型升级示范工程，支持纺织、服装、电子信息装配等产业应用新工艺、新装备特别是信息技术，促进商业模式创新，提升产品质量、增加产品附加价值。技术改造中要注意与技术创新的结合，一方面努力采用技术创新的最新成果，另一方面在技术改造中促进技术的创新，优化生产设备、工艺路线、生产流程和产品。新投资、新工厂、新产能要高起点，尽量采用全国乃至世界范围内的先进、适用技术，避免低水平重复建设。

3. 促进产业合理转移、优化产业布局

坚定不移地实施主体功能区规划，根据国家西部大开发、振兴东北等老工业基地、促进中部地区崛起、支持东部地区经济率先发展等区域发展战略要求，综合考虑环境容量、能源资源、交通运输条件、产业配套基础、市场容量等因素，优化重点产业生产力布局。重点推进钢铁、有色金属、石化等对运输条件要求高、环境容量要求大、依赖进口矿石资源的产业新增产能在沿海沿江地区布局；有序引导满足经济发展、城镇化推进和消费升级的投资在中西部地区落地；加快中西部地区基础设施建设，加强劳动力培训，积极开展东西部产业对接，承接东部沿海地区因土地限制、成本上涨向外转移的产业；依托"一带一路"战略，促进在国内丧失竞争优势的产业和严重产能过剩产业向周边国家转移。重点推进京津冀、长江中游城市群各地区和城市间的产业协同发展，打造一批新的产业增长极和具有国际竞争力的制造业基地。促进地方产业向重点产业园区集中，形成以产业园区为载体、产业特色鲜明、产业内配套服务体系完善、园区间有效分工合作的现代产业集群。

4. 促进制造业服务化与生产性服务业发展

随着加工组装活动的标准化以及与制造业相关服务活动的复杂化，服务环节占制造业附加价值的比重不断提高。推动制造业由生产制造型向生产服务型转变，不但成为提高制造业整体竞争力和附加价值的重要途径，而且有助于制造业减轻对资源的消耗和环境的破坏。促进制造业的服务化，要推动专业化的生产性服务企业发展，在我国重点发展研发设计、第三方物流、融资租赁、信息技术服务、节能环保服务、检验检测认证、电子商务、商务咨询、服务外包、售后服务、人力资源服务和品牌建设。促进制造业打破"大而全""小而全"的产业组织模式，聚焦于核心业务，而将非核心业务剥离和外包出去，更多地从市场购买生产性服务活动。鼓励制造企业加大研发投入，提高产品开发、原型设计和系统集成能力，促进价值链向整体解决方案延伸，加强按照客户需求进行个性化定制和生产的能力。支持大数据、云计算、物联网、电子商务、企业管理软件产业的发展，提升制造企业管理的信息化水平和加工制造过程的数字化和智能化。

5. 支持重点产业领域的转型升级

装备制造业要抓住由我国劳动工资上涨推动的对自动化装备快速增长的需求以及由新一代信息技术、传感器技术推动的工业物联网发展趋势，针对我国替代劳动的市场需求、淘汰落后产能和节能减排的替代市场需求，在提高基础材料、基础元器件和加工工艺水平的基础上，重点提升产品的研发设计和系统集成能力，开发适应我国制造业整体升级需求的成套装备，推动装备的数字化、智能化和网络化。汽车行业一方面要适应我国整体市场需求增长趋缓的新环境，加强对二三线城市市场的开发，加快整车出口、CKD全散装出口、SKD半散装出口和对外投资设厂步伐，另一方面要面对我国国内多元化的市场需求，重点开发市场需求增长较快的经济型乘用车、农用车和工程用车。加强研发投入和技术创新，解决汽车发动机、变速箱和其他关键零部件的技术瓶颈，提高零部件的国产化率，增强整车设计开发能力，加大对新能源汽车创新和市场应用的支持力度，促进汽车产业实现弯道超车。钢铁、有色金属产业要严格控制总量扩张，提高节能、环保技术水平，提升产品质量、优化产品结构、提高增加值率，在保持总产量不变甚至减少的情况下实现增长，并满足装备、汽车等行业升级对金属材料的需求。纺织服装行业要抓住"90后"一代成长为消费主体和电子商务快速发展的机遇，提高设计能力、打造知名品牌、创新商业模式，实现在全球价值链上的攀升。电子信息产业要适应工业物联网、可穿戴设备、智能家居、汽车电子等新的市场需求，提高核心芯片的设计能力、产品架构设计能力、外观工业设计能力和整体解决方案提供能力，促进软件与硬件、互联网与服务的融合，提高对平台、系统和核心零部件的控制力，从依靠装配环节的低成本为主的价格竞争转向综合实力的竞争。

（二）培育壮大战略性新兴产业

新兴产业代表着先进生产力和产业发展的方向，特别是战略性新兴产业以新的重大市场需求为导向，以重大技术创新为引擎，能够对国家或地区未来经济社会的可持续发展发挥重大引领和带动作用，不仅是世界各国和国内各地区产业竞争的焦点，而且决定了各国在未来世界经济、政治乃至军事格局中的地位和国家安全。

1. 加快推进前沿技术发展

围绕经济社会发展重大需求，加大国家对新一代信息技术、生命科学、材料科学、新能源、航空航天等通用技术领域的基础科学、产业核心技术、产业共性技术创新的投入。发挥国家科技重大专项等国家科技资金的核心引领作用，实现战略性新兴产业一批关键核心技术的突破。通过建立工研院、企业界和大学共同参与的制造业创新研究所等方式，发挥政府资金对民间研发资金的带动作用，推进高端制造业的创新、研发和产业化。通过实施研发纳入GDP核算、研发费用加计扣除、科技资金后补贴等制度，调动地方和企业的创新积极性。加大实施产业化示范工程、政府采购和国产重大技术装备首台套政策的力度，积极推动战略性新兴产业领域的创新成果产业化，通过市场应用带动前沿技术的成熟完善和产业的发展壮大。建立和完善军民结合、寓军于民的武器装备科研生产体系，一方面发挥军工企业的工程集成技术优势、充分利用民用领域的前沿技术成果，另一方面加快军工领域高精尖制造技术在民用领域的合理扩散与改造应用。

2. 推动重点领域跨越发展

通过促进前沿技术开发、产业化和市场培育，促进节能环保、新一代信息技术、生物、高端装备制造、新能源、新材料、新能源汽车等战略性新兴产业领域的大发展。节能环保产业要重点服务于我国当前亟待解决的空气污染、土壤污染、水体污染以及降低单位 GDP 能耗、减少二氧化碳排放的目标，重点发展煤炭的清洁利用、节能、环境治理、资源循环利用的工艺、装备、产品和服务。新一代信息技术要以"核高基"国家科技重大专项为依托，实现核心电子器件、高端通用芯片及基础软件产品的技术突破与赶超，大力发展新一代移动通信、下一代互联网、物联网、云计算、大数据、超大规模集成电路、新型显示、高端软件等产品和服务，提高系统解决方案的提供能力。生物产业抓住我国人口老龄化的市场需求和医改深入推进的政策契机，加强基因组和蛋白质组为核心的生命科学基础研究，重点发展原创化学药、基因药物、疫苗、转基因农产品、高效低毒农药、生物能源等产品。高端装备制造业一是重点发展航空航天装备、卫星及其应用服务、新一代轨道交通装备等产业，突破大型干线客气、大型运输机和第四代战斗机航空发动机关键技术、提高整机设计开发能力；另一方面重点开发工业机器人、快速成型技术、工业控制软件，发展数字化、智能化、网络化的装备，为智能工厂、智能产品的普及发展奠定坚实的物质基础。新能源产业要服务于保障能源安全、实现节能减排国际承诺，重点发展新一代核能、太阳能光伏发电、太阳能热发电、风电、智能电网的产品、技术和装备，促进薄膜光伏电池、OLED 等技术的突破和产业化。新材料产业重点发展特种金属功能材料、高端金属结构材料、先进高分子材料（高性能纤维和高性能膜材料）、新型无机非金属材料、高性能复合材料以及应用于生物医药、电子信息、节能环保、新能源等领域的其他前沿新材料。新能源汽车产业要加强对高效固态锂电池、石墨烯电池、燃料电池等前沿技术的研发，提升电池管理系统的技术水平，突破制约新能源汽车发展的电池、电机、轻型材料等关键零部件技术瓶颈，提高整车集成能力和电池的安全性、使用寿命，增加续航能力和降低成本。促进先进信息技术、无人驾驶技术与新能源汽车的结合，提升新能源汽车的智能化水平。推进电动汽车充电桩的标准化和充电桩建设，为新能源汽车的普及建立良好的基础设施。

（三）全面提高信息化水平

信息化的发展水平及其与工业化的融合程度已经成为决定工业竞争力的关键因素，推进我国工业转型升级必须大力提高信息化水平。

1. 加强信息化能力和基础设施建设

加强对移动通信、互联网、数字广播电视网、卫星通信的新一代技术的研发投入，推动技术标准制定，适时启动实验网项目、发放牌照和部署实施新一代网络设施建设。加快"三网"监管体制改革，统一互联网、通信网和广播电视网监管职能，推动电信网、广播电视网、互联网的三网融合。建设超高速、大容量、高智能国家干线传输网络等数字基础设施，加快4G网络的全面覆盖，满足商业互联网、工业互联网发展和"工业4.0"战略所需的带宽和实时能力。实施"智慧中国"工程，实现主要城市光纤到楼入户、农村宽带进乡入村、大学宽带入舍，核心商业区、商务区和大学校园实现Wi-Fi覆盖。支持云计算、大数据和物联网关键技术研发、重点领域的示范应用和产业化发展。

2. 加快两化融合发展

加强作为电子商务基础的信用服务、网上支付等支撑体系建设，促进电子商务在生产企业采购和销售环节的应用、传统商业企业打通线上与线下并向电子商务转型。支持电子商务专业化示范村、镇建设，推动电子商务在乡镇和农村地区的普及。促进物流配送的信息化转型，提升物流体系的电子化、信息化水平，建立具有信息发布、交易撮合、资信评估、货物跟踪、物流金融等综合功能的现代化物流交易平台，打造集物流、仓储、分包、加工、检测、商贸配送功能于一体的现代物流枢纽。鼓励电子商务商业模式创新和商业业态创新，支持众筹、众包平台型企业发展。加快推动电子政务在经济运行、财政管理、综合治税、海关监管、强农惠农、城市管理、国土管理、住房管理、应急指挥、信用监管、劳动就业、社会保障、医疗卫生、文化教育等领域的应用，加强电子政务网站建设，不断创新政务服务方式和手段，提高便民服务水平。借鉴"德国工业4.0战略"的经验，加快建立中国特色"工业4.0"服务架构标准，使企业在基本结构原理、结构和数据方面达成一致；加强对机器人等智能装备的研发和产业化；设立数字工厂示范项目，及时总结经验，推广最佳实践。

3. 推进信息公开、保障信息安全

积极推进基础信息资源、宏观调控信息、社会管理信息、公共服务信息的跨地区、跨部门、跨层级共享，完善信息共享的制度、程序和机制。大力推动政府部门掌握的海量数据资产开放与共享，根据特定的原则定期更新和公开数据，制定确保公正平等获取数据、开发利用数据的政策法规。加强数据安全和对个人隐私的保护，完善信息安全体系和认证认可体系，制定专门的隐私与数据安全法律法规和政策，建立信息安全风险评估、预警和应急机制。加强"工业4.0"安全体系建设，开发工业控制系统的安保架构和标准，建立关于产品、工艺和机器身份识别的安全标识，推动制造系统从"工业3.0"设施向"工业4.0"安全迁移。加强互联网安全的立法和监管，确保国家、企业和个人的信息安全。

（四）促进工业的绿色低碳转型

工业是我国能源消耗、污染物和二氧化碳排放的主要部门，生态、环境的压力要求必须改变工业的粗放发展方式，实现绿色低碳转型。

1. 优化能源结构，建立低碳发展机制

随着气候变暖受到越来越多的关注以及碳税和排放权交易等减排政策的广泛采用和实施，向低碳技术、低碳产业转型将成为决定国家产业竞争力的关键。一方面，低碳意味着成本优势、符合用户需求，具有更强的市场竞争力。另一方面，为了减少温室气体的排放，人类社会必须转变建立在高强度碳排放基础上的发展模式而转向低碳的发展模式。随着世界各国对低碳技术、基础设施及产业的巨额投入，在需求和供给的相互作用和协同演进下催生出新的产业必将逐步成长为经济的支柱产业。新能源的投入巨大，单靠政府的支持是远远不够的，必须将新能源的发展与企业的利益紧密联系起来，将碳价格体现在企业的生产成本中，通过发挥市场机制的决定性作用和更好地发挥政府的作用，推动经济的低碳转型。加强低碳技术的研发，将低碳技术的研发作为国家创新目标的重中之重，进一步加大对该领域 R&D 的公共支持力度。在低碳技术的选择上，既要着眼于近期有望实现产业化的太阳能发电、风能发电、智能电网、电动汽车等技术，又要密切关注氢能源、聚热式太阳能发电、核聚变等前瞻性技术。可以将低碳技术作为国家创新体系改革的试点，科研机构着重于基础科学和产业共性技术的研究，企业着重于面向产业化的技术研究，并实现产学研之间的合理分工与合作。支持低碳应用市场的发展，在政府财力可承受范围内，加大对风能、太阳能等可再生能源以及核能、水电等能源应用的补贴支持力度、扩大政府采购规模，同时完善法律法规，为低碳产品的采用创造良好的制度环境，如光伏发电、风力发电的无条件、优先上网，完善建筑节能标准和规范等。建立促进低碳发展的激励机制，加快推进碳税和排放权交易的试点，在此过程中积累管理经验，制定适合中国国情的低碳发展市场制度。

2. 推动工业节能降耗

严格限制钢铁、水泥、有色金属等高耗能产业的发展和控制高耗能产业的规模，如果未来国内对这些产业的需求超过国内供给能力，一方面可以直接从国外进口解决，另一方面可以通过内资企业向国外转移产能复进口弥补。参考国内外相关环境标准，制定各工业产业的投资强度、环保、能耗、排放、安全等准入标准、排放限值。项目开工建设前严格进行环境影响评价，从源头上控制污水、废气、固体废弃物和噪声等各种工业污染，减少和避免对环境和生态的破坏。同时，通过税收等市场化手段，调节高耗能、高排放产业的生产成本、产品价格和利润率，引导企业的投资行为。推广全生命周期能源管理，从设计、制造、包装、运输、使用到报废处理整个产品生命周期提高资源利用效率、减少对环境的负面影响。进一步推进淘汰落后产能，提高产业的整体技术水平，促进生产能力向大型企业和优势企业集中。

3. 能源管理体制改革和能源基础设施建设

加快推进电力体制改革，建立并完善发电和用电价格由市场决定、输配电价由政府核定并严格监管的电价机制。完善《可再生能源法》及其实施细则，落实可再生能源发电全额保障性收购制度，推进光伏、风电等可再生能源发展。加强山西、鄂尔多斯盆地、内蒙古东部地区、西南地区和新疆等国家综合能源基地建设，加快西北、东北、西南和海上进口油气战略通道建设。支持新一代核电装备的开发，在能源供应紧张的负荷中心适度发展核电。加大对页岩气、可燃冰等非传统化石能源的地质勘探，突破关键技术和装备瓶颈。继续推进煤炭综合利用技术的发展与产业化，减少煤炭利用的污染物排放、提高煤炭的综合附加价值。积极推动新能源、微电网、新能源示范区等综合应用示范工程建设，鼓励分布式光伏在公共建筑物、工商业设施、居民住宅、工业园区等领域的应用，探索可再生能源基地能源就地利用模式和输出模式。加快分布式能源技术的发展，探索适应分布式电力发展的技术标准和政策体系，采用信息、控制和储能等先进技术，推进电网的智能化和能源互联网的形成。

（五）推进海洋经济发展

海洋产业及其相关经济活动获得世界各国的高度关注，成为各国经济和国际政治战略的重要组成部分。发展海洋经济不但有助于缓解陆域资源和能源短缺、形成经济发展的新支柱，而且是提升我国对外开放水平的重要途径和保障我国海洋权益的重要手段。

1. 加强海洋综合管理体系

健全海洋资源开发的有关法律法规，推进海洋综合管理体系改革，加强海洋资源开发的统筹规划、近岸海洋资源的一体化开发，打破海洋经济的条块分割、行政关卡和地方保护主义。建立统一的海洋综合管理部门，整合海事、海监、渔政渔监等海上执法力量，提高海上执法装备水平，强化海上执法与检查力量。坚持可持续发展原则，防止海洋资源的过度开发，建立健全海洋环保设施、生产安全监控网络及沿海和海岛防灾减灾体系，加强海洋岸线保护。重点海域实施污染物总量监控，加强环境污染治理和综合整治，促进海洋生态环境的修复。控制近海渔业资源捕捞强度，保护水生资源繁育海域，加强珍稀濒危海洋生物物种保护，提高海洋生物资源的再生能力。制定和实施防治海洋污染的应急计划，加强海洋环境监测、监视和执法管理能力，减轻污损事件对海洋生态环境的影响。探索与海上丝绸之路沿线国家在海洋资源开发、海洋生态系统观测与研究、海洋生态环境保护与修复、海洋灾害预警、海上救援等方面的合作。

2. 建立现代海洋产业体系

增加对海洋渔业基础设施、沿海港口基础设施、沿海与内陆相联系的交通基础设施、沿海岛屿基础设施及海洋能源、海洋信息基础设施的投入。抓紧对专属经济区和大陆架进行全面的资源环境综合调查，为未来海洋开发、通过外交谈判或法律手段解决领海争端提供依据。坚持科学规划、合理开发、持续发展的原则，促进海洋渔业、海洋油气、海洋船舶制造、海洋运输、海盐和滨海旅游等传统产业转变发展方式，提高产品技术含量和附加值，不断增强市场竞争力；加强对海洋环境保护技术、海水养殖优良品种开发技术、海水养殖病害防治技术、海洋生物制药技术、深海勘探技术等重大海洋科学研究项目和重大关键性技术的投入，培育和发展海洋生物医药、海洋化工、海水综合利用、海洋新能源、海洋工程装备制造等新兴海洋产业；升级发展海洋监测服务、海洋救捞、海洋保险、海洋金融等海洋服务业。推进北部、东部和南部三大海洋经济圈的形成与发展，积极开展国家海洋经济发展试点，重点推进浙江舟山群岛新区、福建平潭综合实验区、广东横琴岛的开发建设，支持沿海地区建设特色鲜明的海洋经济区。

（六）构建综合交通运输体系

交通运输作为网络型基础设施，是关系国计民生的基础产业，是经济发展和城镇化推进的支撑，也对提高经济运行效率、缩小地区差距、实现产业空间的优化调整具有非常重要的作用。

1. 推动交通管理体制改革

根据适度超前、布局合理的原则，对不同类型的骨干运输网络、综合交通枢纽进行规划并提出运输能力提升、质量和服务改进的目标。做好运营车辆和船舶、装卸容器、装卸工艺、单据、基础设施、信息化等方面的标准制定和统一工作。加强交通建设项目的环境影响评价，减少交通对生态环境的破坏。鼓励发展公共交通，倡导节约型消费观，降低交通运输对资源的占用和消耗。加强公共信息平台建设，提供货物和运输能力检索、货物识别、货物跟踪等服务，促进交通运输体系的智能化及其与现代物流业的融合发展。加快交通投融资体制改革，在加大政府对综合交通体系投资的同时，探索以市场为主体的投融资模式，鼓励社会资本进入综合交通枢纽的建设和运营，推进综合交通枢纽建设资金的多元化。

2. 完善交通基础设施

"一带一路"战略需要交通先行，交通基础设施的互联互通是"一带一路"的优先和重点，要积极推进与沿线国家相连通的公路、铁路、航运等领域的重大项目建设。加快高速铁路、国家高速公路网剩余路段和瓶颈路段建设，完善快速铁路网、重载货运网、高速公路网构成的国家交通骨干网络。推动机场有序建设，大力发展通用航空，建立通达通畅的国内国际航线网络。发挥内河航运作用，加强长江干支流航道、码头、船闸等公共基础设施和支持保障系统建设，提高长江的通过能力，将全流域打造成黄金水道。有序协调推进沿海港口建设和现代化改造，打造国际航运中心，提升能源、原材料等战略物资运输的保障能力。合理规划并加快建设超高压电力传输网、跨国石油和天然气输送骨干管道，优化区域间能源传输网络，提高跨区域能源调度与能源供应安全保障能力。加强综合交通枢纽建设，促进各种运输方式的综合协调发展和无缝链接，提高交通运输效率、降低交通运输领域的碳排放水平。

3. 优化发展城市群和城市内部交通网络

统筹推进城市群综合交通网络建设，加快城市群之间的城际公路干线、轻轨建设，开通中心城市之间以及中心城市与中小城市之间的公交线路，为城市群的经济和社会发展一体化奠定坚实基础。继续加大投入提高农村公路的通达深度、覆盖广度和技术标准，开通农村客运班车，形成以城市为中心辐射到乡镇、农村的交通网络。优化城市道路网结构，统筹规划、有序推进城市地铁、轻轨等轨道交通，完善地面公共交通网络，改善自行车、步行出行条件。按照"零距离换乘"的要求，将城市轨道交通、地面公共交通、市郊铁路、私人交通等设施与干线铁路、城际铁路、干线公路、机场等紧密衔接。强化城市综合交通枢纽的综合服务功能，加强交通换乘中心之外的商业购物中心、文化娱乐中心、信息传递中心和社区服务中心功能。

五 "十三五"工业转型升级的政策调整

在新的国际竞争规则建立和国内深化改革的背景下，"十三五"期间，既有的产业政策必须根据新的环境和战略部署在政策作用对象、政策工具和政策作用机制等方面及时进行调整,通过更加合理的产业政策体系、更加科学的产业政策内容和更加有效的产业政策执行机制,促进我国工业整体生产效率和国际竞争力的提升。

"十三五"我国产业政策调整的主要内容如表2所示。

表2 "十三五"我国产业政策调整的主要内容

政策内容		过去	"十三五"调整的方向
研发扶持政策	扶持领域	大规模生产和组装技术改进	复杂产品集成、基于多科技的核心零部件、基础软件 科技基础设施建设
	扶持方式	事后扶持	事前扶持
科技政策	扶持领域	设备购置补贴	大企业的"母工厂"建设 中小企业工艺提升
	扶持和服务方式	资金扶持	资金扶持+现场管理和技能提升服务 提高评估过程透明度
产业组织政策	重点扶持对象	大型企业	前沿技术突破的大企业 创业企业和高技术中小企业
	企业主体	国有企业主要作为产业政策工具	更好地发挥国有企业对市场经济的补充和增强作用(战略性、公益性)
区域政策	区域间竞争标的	经济规模	可持续增长能力
	区域间竞争方式	要素价格扭曲	经营环境改善,公共服务能力提升
开放政策	国际直接投资政策重点	引进来	走出去,整合利用全球高端要素
	贸易政策	扩大出口	关注结构性的市场,特别是高端市场出口
人才政策	政策重点	精英型管理人才和研发人才	精英型管理人才和研发人才 工程师和高技能工人
	技能提升	以技校为主体的通用技能培训	"技校+研究型大学+企业+公共服务机构"的终身学习制度

(一)科技政策:从重点突破到全面创新

以往科技部、发改委、工信部等管理部门设立的各类科技扶持项目具有明显的"重产品创新、轻工艺创新""重技术创新、轻技术扩散"的倾向，这是导致我国新技术产业化能力弱、科技资金使用效率低下的一个重要原因。战略性新兴产业和高技术产业的培育和发展，不仅是新产品技术突破的过程，而且也是与新产品技术相适应的新的生产工艺跟进突破的过程。在技术改造资金的扶持方面，要重视先进制造技术和设备的应用，但不能唯技术和设备，而是要通过人的技能提升和现场管理的综合改善，将先进、适用的生产技术最大可能地转化为产业竞争力（贺俊、吕铁，2012）。因此，要尽快修正和调整我国当前工业规划和产业政策中存在的偏差和错误，加快完善旨在促进先进制造竞争力提升的产业政策体系。

（1）推出我国的《现代工厂建设计划》，加快培育中国的"母工厂"。组织技术、产业和管理专家，加快制定和出台我国的《现代工厂建设计划》，明确提出依托具有先进制造能力的优势企业，加快建设我国的制造业"母工厂"（名称上可以采取"现代工厂"的说法）。以"现代工厂"为平台，加快人工智能、数字制造、工业机器人等先进制造技术和制造工具的研发和应用。只有大力发展先进制造（我们强调先进制造，而不是先进制造业），才能从根本上解决我国制造业越来越严重的"成本病"，并未雨绸缪地解决未来我国可能面临的"制造业大规模外迁"问题。

（2）在技术改造资金的使用中，突出现代生产管理方法的推广和应用，切实提高技改资金的使用效率。目前由工信部牵头管理的企业技术改造资金，主要用于激励企业进行既有生产设备的改进和新型生产设备的引进。我们建议，在技术改造扶持的同时，借鉴日本政府"技术咨询师"和澳大利亚"管理顾问"做法，建设一支专业的包含了生产管理咨询和培训的管理服务专家队伍，为企业提供质量管理、现场管理、流程优化等方面的生产管理指导和培训，切实提高我国制造业企业的生产制造水平。

（3）加快共性技术机构和科技基础设施建设。根据我们的研究，无论是在工业化中、工业化后期还是当前，在绝大多数领域，美、日、德等工业强国对产业发展直接提供的扶持资金或基金都是非常有限的，相反，这些国家的工业成果与其将大量公共资源投入到公共服务体系建设和科技基础设施建设方面直接相关。建议借鉴发达工业国家的经验，以海外高层次人才为依托，建设我国的工业技术研究院，为重点制造业发展提供共性技术支持。与此同时，加强我国先进制造业科技与产业化基础设施建设，加快我国的"先进制造业研究中心"的建设，加快我国在高效能运算、工程数据库等方面的科技基础设施建设。

在科技资金的使用方式上，目前我国的科技资金主要采用事后扶持的方式，即在研发项目基本已经比较成熟的阶段才能获得政府的资金补贴。而反观美、日、德等发达工业国家，更多地采用事前补贴而不是事后奖励的方式，从而真正帮助被补贴企业降低创新风险；政府部门对被补贴企业通常都采用严格的资金使用和项目过程评估，从而确保资金的使用效率。同时，发达工业国家在关注补贴规模的同时，更加关注补贴资金的使用效率和透明度，从而最大限度地提高了公共资金对于提升创新能力和产业竞争力的效果。建议充分借鉴这些国家的成功经验，增加研发项目事前扶持的规模和比重，同时提高科技资金使用的透明度，通过社会治理提高科技资金使用效率。

（二）产业组织政策：从促进集中到培育生态

（1）过去我国针对传统产业的产业组织政策以做大企业规模、提高市场集中度为主要政策目标。在产业发展处于为形成可以充分利用规模经济和范围经济的大规模生产能力，政府的金融和科技资源有限从而需要向少数企业集中的阶段时，这种产业组织政策有其合理性。但是，战略性新兴产业独特的技术经济特征，使得大企业不再是产业竞争力的唯一载体。首先，以云计算为代表的下一代信息技术使得企业可以将信息处理功能更多地外包给提供信息服务的第三方企业，加之数据挖掘技术的快速进步和服务模式创新，即便是地理上远离提供信息服务企业的小微企业也能够以足够低的成本获得更强的数据存储和计算能力。与此同时，新兴制造技术也提高了小型化、分散化经营的经济性。例如，以3D打印机为代表的个性化制造和网络开放社区的发展将大大促进以个人和家庭为单位的微制造和个人创业等极端分散组织方式的发展。其次，产业组织结构向网络化和平台化方向发展。制造业的服务化以及制造技术的融合，将使得企业之间的需求供给关系变得越来越开放，企业的同一个产品或服务可能供应完全不同的行业而不仅是同一行业的不同企业，不同的产业链相互交织，形成开放、多维、复杂的网络结构，从而很难识别、判定影响产业长期竞争力的核心资源的位置在哪里。不是某项核心技术或某个企业决定产业的竞争力，而是整个系统的质量决定产业的生命力。在这种情况下，具有独特技术优势的高技术创业企业和小微企业的重要性就凸显出来。一方面，这些企业的技术能力构成大企业技术优势的支撑；另一方面，更重要的，这些保证了技术多样性的小微企业群体维持了整个技术创新生态系统的动态性。

（2）加强国内企业在战略性新兴产业领域的技术合作，对于处于摸索阶段、具有较大技术差距的技术，加快联合攻关；对于已经具备技术基础的领域，把握机遇，加快推进工程化和产业化。以往我国的科技政策基本上遵循了一条不平衡发展的路径，即科学政策主要是促进资源向少数研究型大学和公共科研机构集中，技术政策主要向少数技术基础好、初步具备全球竞争力的企业倾斜。在过去科技资源相对有限的情况下，这种培育个别科学技术精英的做法有利于我国在少数关键技术领域的快速突破。但是，随着创新组织的生态化、关键知识的分散化以及知识产权竞争的"丛林化"，这种政策思路已经越来越不能适应产业发展的科技需求。例如，重大装备领域我国企业与国外的差距很大程度上不在于总成技术的能力差异，而在于基础材料和控制系统自主开发能力的缺乏，而基础材料和控制系统的突破又不是总成企业、材料企业或软件企业能够独立解决的。在这种情况下，通过合作研发来分散前沿技术突破的风险、实现创新主体之间的能力互补就变得更加重要。相应地，产业科技政策的思路就应当由培育科技精英向推动各类创新主体的合作转变。一是通过产业主导型的产学研合作加强基础研究对新兴产业的支撑作用。对于这类合作，政策的重点不应当是对科学研究不断施加越来越强的商业化激励和产业化研究任务，而应是在完善研究型大学和公共科研机构学术研究机制和共性技术开发、管理机制的基础上，加强企业在前沿技术领域的战略部署和项目组织能力。产业主导型的产学研合作不是体现在科技资源向企业的倾斜配置上，而是体现在企业对技术路线选择和多主体合作复杂创新项目的管理能力上。

（3）推出更加适应高技术创业和高技术小微企业要求的全生命周期技术扶持项目，政策资源配置的重点逐渐由大企业向高技术小微企业转变。建议借鉴美国和日本 SBIR 项目的经验，按照技术创新生命周期采取分阶段、竞争性、差异化的创新支持方式：第一阶段为技术可行性研究资助阶段，该阶段政府为企业提供相对小规模的资助；第二阶段政府对第一阶段取得初步成功的项目提供进一步的资助。前两个阶段的政府资助都是无偿的。不同的是，在技术可行性研究资助阶段，采取小额普发原则，即大范围资助，但单项资助额度相对低，这样既避免了对失败项目的过度投入，又可以广泛培育技术种子。一旦进入研究开发阶段，资助就采取大额集中原则，以加快推进技术成熟。第三阶段是技术成果商业化的阶段，该阶段政府对企业的资助不是必然的，而是根据技术产业化的市场条件和企业能力相机给予，政府的主要功能是为技术产业化提供各类服务。

（三）区域政策：从激励投资到优化环境

地区间竞争是过去30多年驱动中国工业快速增长、产业体系趋于完备的主要力量。以地方政府财政分灶吃饭为特点的制度安排，激发了各级地方政府通过压低土地、环境、劳动等要素价格，通过给予投资者税收、金融方面的优惠性政策等措施，动员投资特别是能够快速带来增加值和税收的大规模工业投资。这样的激励机制，充分调动了地方政府做大经济规模的积极性，对于鼓励各类企业的生产性投资具有明显的效果；但同时也导致了要素价格扭曲和产能过剩等一系列严重问题。扭曲的要素价格降低了整个经济系统的资源配置效率，而日趋严重的产能过剩以及与之相伴的恶性竞争又侵蚀了工业部门的赢利能力，不仅使得工业企业，特别是中小企业丧失了进行创新性投资的能力，而且导致了民间资本脱离实体经济的恶劣现象。地区间竞争本身是个中性的概念，从某种意义上讲，有效的地区间竞争应当是中国作为一个发展中大国的独特有利条件；问题的关键是如何设计恰当的激励结构引导地方政府竞争和如何竞争。

对于技术密集的先进制造业，各类主体的踊跃投资对于产业发展是重要的，但是不同于成熟产业增长所要求的生产性投资，对于技术密集的新兴产业，具有多样性和探索性的创新性投资才是产业成长的关键。因此，既有的与成熟产业快速扩张相适应的地方政府激励结构，必须根据先进制造业的技术经济特点和转变经济发展方式的要求进行适时的调整：一是将目前以增值税、营业税等间接税为主的税收体系逐步转变为以所得税、房产税、遗产税、社会保险税等直接税为主体的税收体系，弱化地方政府唯 GDP 最大化的冲动，同时配合地方政府官员晋升和绩效评价体系改革，引导地区间竞争朝着追求更加多元化经济社会目标和完善创新、创业环境等长期经济目标的方向发展；二是改变目前先进制造业政策遍地开花的思路，鼓励少数有条件的地区通过开辟和建设先进制造业发展特区的形式实现地区间有控制的竞争。通过地区间的错位发展和多元创新，探索对于培育发展我国先进制造业至关重要的主导技术路线、主导产品设计和主导商业模式。

（四）开放政策：从驱动增长到整合资源

国际直接投资和技术、设备进口对于形成改革初期中国工业的基础生产能力至关重要。与以往"承接国际产业转移 + 打开国际市场"开放格局相对应的投资、贸易政策的基本逻辑，一是利用本土的要素成本优势，同时配合更加优惠的投资政策，吸引外资以及与这些资本相结合的设备和管理在本土落地；二是通过扩大对外贸易，积累引进国外生产设备和其他要素所需要的外汇，同时为国内快速增长的生产能力找到市场需求出口，从而形成产业不断扩张和快速增长的自我循环机制。虽然先进制造业的技术多样性和创新系统复杂性决定了其培育发展仍然要高度依赖国外的资源和市场，但由于先进制造业竞争的资源基础和竞争范式不同，其所要求的开放政策也与既有政策存在较大差别的。

（1）开放政策的重点要逐渐从促进"引进来"向鼓励"走出去"转变。先进制造业所涉及的技术和装备关系到国家和企业的核心竞争力，掌握这些技术的企业和国家往往严格封锁这些技术的出口，中国企业不可能通过引进方式获得这些技术和设备，只能通过主动走出去的方式尽可能融入发达国家的本地创新网络，来逐渐积累相关的技术能力。在发达国家可能掌握先进制造业创新资源的各类主体中，中小企业、高技术服务企业和研究型大学是中国企业接入当地创新网络的重要端口。这是因为，中小企业规模小，中国企业通过并购等方式整合利用其技术资源的难度小、成本低；高技术服务企业以出售技术为业，中国企业容易与其建立技术交易和合作创新的机制；研究型大学以推进科学研究为主要目标，与中国企业之间的技术竞争和产业利益冲突小。

（2）自主创新能力归根结底要在本土形成，因此"引进来"仍然是需要的，但引进来的结构需要调整优化。过去针对传统产业发展引进来的主要是资金、设备和最终产品，这些要素对于先进制造业的发展仍然重要，但先进制造业发展最急需的是承载了关键技术和隐含知识的人才。因此，"进口人才和知识"，而不是进口设备和资金是未来我国国际贸易与投资政策调整的重点。对于后发国家而言，人才流动，特别是既具备高深的专业知识又深谙发达国家研发组织流程的留学人员的回溯，是比跨国公司投资更加有效的高技术转移渠道。需要注意的是，与财务资本关注在中国投资的要素成本和市场规模不同，智力资本除了考虑成本因素外，更关注在中国的创业和生活环境。与此相适应，针对先进制造业的产业政策除了要为企业提供扶持性的帮助外，更要提供适宜的生活和经营环境。

（3）关注国际高端市场，调整出口结构。日本数控机床产业和韩国电子产业的发展经验表明，高端市场不仅为后发国家提供了更高的产品附加价值，而且为后发国家提供了重要的用户创新资源。对于传统产业的发展，从占领国外低端市场和新兴市场逐渐向高端市场和发达经济市场升级的路径可能是最优的，但对于先进制造业而言，高端市场更有利于本土企业直接接入实验性消费者和关键创新资源。因此，首先瞄准发达经济市场再向新兴经济市场拓展可能更有利于产业的技术能力和长期竞争优势的培育和积累。

（五）人才政策：从吸引精英到形成梯队

人才政策方面，逐步由过去单纯重视精英型研发人才的培育和引进，转向同时关注工程师、高技能工人和一般产业工人通用技能提升的政策导向，重点是构建由企业、技术学校、研究型大学和改革服务机构共同组成的终身学习体系。

在继续贯彻落实国家引进高层次科技人才的一系列优惠政策的基础上，重点通过优化创业环境，形成海外高层次管理和技术人才回溯的市场机制。针对先进制造的人才要求，加强"精英型"的实用技术人才和工程人才的培养、培训，大学应当针对现代工厂中的班组长或车间负责人的工作要求来设置相应专业。建议设立"中国制造业产业技能提升资金"，对一流大学和企业合作培养工程师和产业技术工人给予资金扶持,通过培养高技能产业工人,填补我国"低端职业教育"不能满足"高端制造"发展要求的空白。

在加强工程师和高技能产业工人培训的同时,借助职业技术学校的发展不断提升广大产业公认的技能水平。与此同时,借助政府扶持的培训项目,针对机床操作、通用工业机器人操作等重点工艺设备进行有重点的培训,提升我国制造业的整体劳动生产率。加强企业、职业学校、工程型大学和政府公共服务机构之间的合作,形成"终身学习"制度。

参考文献

[1] 曹忠祥:《当前我国海洋经济发展的战略重点》,《宏观经济管理》2013年第6期。

[2] 黄群慧:《经济新常态、工业化后期与工业发展新动力》,《中国工业经济》2014年第10期。

[3] 黄群慧、贺俊:《第三次工业革命与中国经济发展战略调整》,《中国工业经济》2013年第1期。

[4] 贺俊、吕铁:《战略性新兴产业:从政策概念到理论问题》,《财贸经济》2012年第5期。

[5] 江飞涛等:《中国工业经济增长动力机制转换》,《中国工业经济》2014年第5期。

[6] 李晓华:《中国工业的发展差距与转型升级路径》,《经济研究参考》2013年第51期。

[7] 刘光武、唐锐:《对城市综合交通枢纽建设理念的几点探讨》,《都市快轨交通》2013年第4期。

[8] 刘容子、刘堃、张平:《我国海洋产业发展现状及对策建议》,《科技促进发展》2014年第5期。

[9] 宋泓:《未来10年中国贸易的发展空间》,《国际经济评论》2010年第1期。

[10] 苏明:《促进我国海洋经济发展的财政政策研究》,《经济研究参考》2013年第57期。

[11] 杨卫东、邓润飞:《同城化背景下城市群综合交通发展对策》,《综合运输》2014年第1期。

[12] 张勇进、王璟璇:《主要发达国家大数据政策比较研究》,《中国行政管理》2014年第12期。

[13] Brusoni, S., and A., Prencipe, "Unpacking the Black Box of Modularity: Technologies, Products, Organisations," *Industrial and Corporate Change* 2 (10), 2001.

[14] Fujimoto, T., & O., Takashi, "Empirical Analysis of the Hypothesis of Architecture based Competitive Advantage and International Trade Theory," *MMRC Working Paper*, 2006.

[15] Hausmann, R. & C. A., Hidalgo, et al.. "The Atlas of Economic Complexity: Mapping Paths to Prosperity, " *CID Harvard University Working Paper*, 2011.

[16] 《"十二五"国家战略性新兴产业发展规划》。

[17] 《"十二五"综合交通运输体系规划》。

[18] 《促进综合交通枢纽发展的指导意见》。

[19] 《工业转型升级规划(2011~2015年)》。

[20] 《国民经济和社会发展第十二个五年规划纲要》。

[21] 《国务院关于加快发展生产性服务业 促进产业结构调整升级的指导意见》。

[22] 《国务院关于加快培育和发展战略性新兴产业的决定》。

[23] 《全国海洋经济发展"十二五"规划》。

[24] 《新材料产业"十二五"发展规划》。

作者简介

黄群慧，中国社会科学院工业经济研究所所长，研究员，教授，博士生导师，国家"百千万人才工程"入选人员，被人事部授予"有突出贡献中青年专家"，享受国务院特殊津贴；兼任中国企业管理研究会副会长、理事长，中国社会科学院中小企业研究中心理事长。研究领域为产业经济和企业管理。已在《中国社会科学》《经济研究》《中国工业经济》等学术期刊和《人民日报》《光明日报》等报纸公开发表论文二百余篇，独立撰写、参与撰写著作三十余部。研究成果曾获第十二届孙冶方经济科学奖、第二届蒋一苇企业改革与发展学术基金优秀著作奖、第三届蒋一苇企业改革与发展学术基金优秀论文奖，国家"三个一百"原创图书奖。

李晓华，中国社会科学院工业经济研究所产业布局研究室主任、研究员，先后毕业于南京大学、山东大学、中国社会科学院研究生院，获理学学士、经济学硕士和经济学博士学位。主要研究领域为中国工业发展、全球价值链、产业布局等，在《中国工业经济》《南开管理评论》《人民日报》等报刊发表学术论文和分析性文章数十篇。

贺俊，中国社会科学院工业经济研究所中小企业与创新创业研究室主任，副研究员，产业经济学博士。主要研究领域为技术创新、企业战略和产业发展。曾获蒋一苇企业改革与发展学术基金奖著作奖，中国社会科学院信息对策研究奖特等奖、一等奖等。在《中国人民大学学报》《中国工业经济》《财贸经济》《学术月刊》《求是》等刊物发表学术文章和分析性文章数十篇，出版专著《科学的生产与转化：制度分析》。

图书在版编目(CIP)数据

"十三五"时期工业转型升级的方向与政策/黄群慧,李晓华,贺俊著.—北京:社会科学文献出版社,2016.1
ISBN 978-7-5097-8391-7

Ⅰ.①十… Ⅱ.①黄… ②李… ③贺… Ⅲ.①工业经济-转型经济-经济发展-研究-中国-2016~2020 Ⅳ.①F424

中国版本图书馆 CIP 数据核字(2015)第 268922 号

"十三五"时期工业转型升级的方向与政策

著　者 / 黄群慧　李晓华　贺　俊

出 版 人 / 谢寿光
项目统筹 / 恽　薇　陈　欣
责任编辑 / 于　飞

出　版 / 社会科学文献出版社·经济与管理出版分社 (010) 59367226
　　　　　地址:北京市北三环中路甲29号院华龙大厦　邮编:100029
　　　　　网址:www.ssap.com.cn
发　行 / 市场营销中心 (010) 59367081　59367090
　　　　　读者服务中心 (010) 59367028
印　装 / 三河市东方印刷有限公司
规　格 / 开本:787mm×1092mm　1/16
　　　　　印张:2.5　字数:39千字
版　次 / 2016年1月第1版　2016年1月第1次印刷
书　号 / ISBN 978-7-5097-8391-7
定　价 / 30.00元

本书如有破损、缺页、装订错误,请与本社读者服务中心联系更换

版权所有 翻印必究